Reise durch die

RHÖN

Bilder von
Martin Siepmann

Texte von
Ernst-Otto Luthardt

Stürtz

Erste Seite:
Das Rhönschaf gehört zu den ältesten Nutztierrassen Deutschlands. Gleichwohl war es dem Aussterben nahe. Erst seit den Sechzigerjahren des vergangenen Jahrhunderts begann der Bestand wieder langsam zu wachsen.

Vorherige Seite:
Morgenstimmung im „Land der offenen Fernen“. Aufgenommen von der nahe Bad Neustadt an der Saale gelegenen Gemeinde Rödelmaier.

Unten:
Auf dem alljährlich im Juli stattfindenden Rakoczy-Fest in Bad Kissingen wird die große Geschichte des Kurbades mit den wichtigsten Protagonisten nachgestellt.

Seite 10/11: Blick vom – auch „Laus- oder Spitzbub der Rhön" geheißenen – Wachtküppel bei Gersfeld. Der hohe Anteil von Magneteisen in dem 705 Meter hohen ehemaligen Vulkanschlot bringt den Kompass gehörig durcheinander.

Inhalt

„Ja, kennst du die herrliche Rhön noch nicht ...“

Schloss Weißenbach in Zeitlofs. Das von einem Englischen Garten umgebene Anwesen wurde Ende des 18. Jahrhunderts im Auftrag der Freiherren von Thüngen errichtet.

heißt es in jenem Text, den der Lehrer Andreas Fack vor nunmehr hundert Jahren im Hotel „Zum Hirsch“ in Kaltennordheim am Klavier intonierte und der nicht nur bei seinen Stammtischbrüdern, sondern generell so gut ankam, dass daraus das „Rhönlied“ wurde.
Dass die Rhön heute bayerisch, hessisch und thüringisch ist, lag an den Henneberger Grafen und den Fuldaer und Würzburger Äbten und Bischöfen, die ihren Besitz – allen politischen und sozialen Erschütterungen zum Trotz – über die Jahrhunderte hinweg verteidigten. Die kritischste Situation hatten sie wohl zu Beginn des 16. Jahrhunderts zu überstehen, als sie jenes christliche Gebot, das da lautet, den Nächsten wie sich selber zu lieben, besonders heftig mit Füßen traten. Während es den Bauern ausgesprochen dreckig ging, war in den Schlössern und Klöstern – im wahrsten Sinne des Wortes – der Teufel los. So entlud sich die schreckliche Not in noch schrecklichere Wut. Die Rhön wurde zum Schauplatz des Bauernkrieges, bei dem der Bildhäuser Haufen, dem auch Neustädter Salzknappen angehörten, kräftig mitmischte. Der Ruf des Armenhauses haftete der Region noch lange an. Und auch der des Abgeschiedenseins und der Rückständigkeit. Als sich die napoleonischen Soldaten ihre Pfeiflein ansteckten, glaubte man, dass der Rauch von einem Feuer in ihrem Bauch herrühre.
Heute beneidet man die Rhön und ihre Bewohner um das, weswegen man sie früher bemitleidet oder belächelt hat. Das Festhalten an den Bräuchen und Traditionen bedeutet jedoch nicht, dass Neues ausgesperrt bleibt. Diese besondere Lebensqualität ist für viele Grund genug, hierher zu kommen und wenigstens für die Zeit des Urlaubs daran teilzuhaben.

Wie alles begann

Der kristalline Grundstock des Gebirges entstand vor rund 600 Millionen Jahren. Granit, Gneis und Glimmerschiefer bildeten eine riesige Schüssel, in die die anderen Zutaten einflossen. Zunächst – im Perm – sorgte das Zechsteinmeer für die Würze, indem es Steinsalz ablagerte.

Um eben dieses Salz sollen sich 58 Jahre nach Christi Geburt Hermunduren und Chatten ein fürchterliches Hauen und Stechen geliefert haben. Tacitus, der uns diesen frühen Krieg um die Bodenschätze beschrieben hat, war ausgerechnet bei der Geografie etwas schlampig, was eine weitere – diesmal wissenschaftliche und bis heute anhaltende – Auseinandersetzung zur Folge hatte. Kommen doch sowohl die Fränkische Saale als auch die Werra als Schauplatz dieses Geschehens in Frage. Und selbst die Sächsische Saale ist nicht ganz aus dem Spiel. In der Trias wurden Buntsandstein, Muschelkalk und Keuper abgelagert, denen im Jura Sandstein, Ton und Mergel folgten. Gleichzeitig wurde das Ganze erst herausgehoben und dann wieder abgetragen. So geschehen bis zum Tertiär, in dem die Rhön ihr heutiges geologisches Gepräge erhielt. Damals wurde ihr sowohl Braunkohle eingesprenkelt als auch mächtig eingeheizt. Sprich: Es kam zu Vulkanausbrüchen. Allein in der Hochrhön hat die Erde durch rund 500 Schlote ihr Innerstes ausgespien.
Übrigens: Von den alten Völkern haben die Kelten – das beweisen die vielen archäologischen Funde – diese Region besonders gemocht. So trugen nicht nur die heute hessische Milseburg, sondern auch der Kleine Gleichberg, im thüringischen Teil des Grabfeldes, bedeutende Siedlungen.

In Gottes Namen

Des lieben Gottes Auftraggeberschaft bei der Errichtung des Klosters Fulda gilt als sicher. Ließ er doch seinen irdischen Mitarbeiter Bonifatius wissen, wie sehr es ihm gefiele, wenn im tiefsten Heidenland eine neue Benediktinerniederlassung gegründet und die Missionierung vorangebracht würde. Bonifatius erledigte den Auftrag jedoch nicht selber, sondern nahm seinen Schüler Sturmius in die Pflicht, der denn auch 744 den Grundstein für das Projekt legte. Noch im gleichen Jahrhundert zur Reichsabtei erhoben, wuchs das Kloster nicht nur zur – nach dem Vatikan – größten, reichsten und mächtigsten kirchlichen Machtzentrale, sondern auch zum geistigen Mittelpunkt des Reiches. Vor allem der gelehrte Abt Hrabanus Maurus (um 780–856) entwickelte die Klosterschule zu einer Bildungsanstalt von allerhöchster Reputation: Die Liste der Schüler liest sich wie ein „Who is Who" der damaligen Zeit. Und auch die 2000 Handschriften zählende Bibliothek setzte allerhöchste Maßstäbe.
Das Kloster und sein Initiator Bonifatius fanden erst nach dessen Märtyrertod im Jahre 754 wieder zusammen. Trotz massiver Begehrlichkeiten seitens seiner ehemaligen bischöflichen Wirkungsstätte wurden seine Gebeine nicht

nach Mainz, sondern nach Fulda überführt. Die Verehrung, die ihm dort entgegengebracht wurde, hielt sich über lange Zeit in regionalen Grenzen. Zum „Apostel der Deutschen" machte ihn erst das 19. Jahrhundert. Doch Bonifatius war noch viel mehr, nämlich einer der maßgeblichen Architekten des christlichen Europa.
Von den in und um Fulda erbauten alten Gotteshäusern blieben aus dem 9. Jahrhundert die Krypten der Michaelskapelle und der Liobakirche (Petersberg) erhalten. Letztere mit Resten von Wandmalereien, die zu den ältesten unseres Landes zählen. Apropos Wandmalereien: Die aus dem 11. Jahrhundert datierende Krypta von St. Andreas in Neuenberg kann sich – neben St. Georg auf der Reichenau – des „einzige(n) komplett ausgemalte(n) Kirchenraum(s) aus ottonischer Zeit auf deutschem Boden" (W. Abel) rühmen.

Ein früher Promi-Treff

Früh erblindet, erwanderte Ch. Ludwig Wucke Mitte des 19. Jahrhunderts das Werratal sowie die angrenzenden Gebiete des Thüringer Waldes, der Rhön und des Grabfeldes und ließ sich von Einheimischen Sagen und andere Überlieferungen erzählen, die er mittels eines von ihm selbst konstruierten Schreibgerätes zu Papier brachte. Über die Salzburg lesen wir bei ihm: „Bei Neustadt jenseits der Saale steht im alten Saalthale eine der ältesten und historisch denkwürdigsten Festen des Frankenlands, teils umfangreiche Trümmer, teils noch aus wohnlichen Gebäuden bestehend. Es ist dies die Salzburg, Palatium der fränkischen Könige. Karl Martell soll hier gewohnt und das alte Haus, die Salisburg, erneuert haben. Mehr denn einmal weilte in diesen Räumen der heilige Bonifacius. Er weihte als Erzbischof hier 741 drei Bischöfe, Burchard zu Würzburg, Witto zu Buriburg in Hessen und Willibald zu Eichstädt. 742 hielt er abermals ein geistliches Konzilium auf der Salzburg, 768 hielt Pipin der Kurze hier das Osterfest, Karl des Großen erster Besuch auf der Salzburg geschah zu Schiff; er empfing hier die Gesandtschaft des byzantinischen Kaisers Nikephorus, desgleichen den Patriarch von Grado, Fortunat, der ihm unter anderem den Körper Josephs von Arimathia mitbrachte, welcher nach Aachen geschenkt wurde. Karl schloss hier den Frieden mit den Sachsen. Die deutschen Könige Ludwig der Fromme, Ludwig III., Ludwig der Deutsche, Arnulf und Otto I. wohnten hier."
Die Liste der illustren Gäste liest sich in der Tat wie ein „Who is Who" großer deutscher Vergangenheit. Während sich in Kissingen die Personnage des ausgehenden 19. und des beginnenden 20. Jahrhunderts tummelte, war es hier die des Mittelalters. Auch wenn sich mancher

Die 225 Meter lange mittelalterliche Steinbogenbrücke über die Werra, seit 1990 auch „Brücke der Einheit" geheißen, verbindet das thüringische Vacha mit dem hessischen Philippsthal.

Anwesenheit der Nachprüfung entzieht und folglich der Beweis ihres Hierseins schuldig geblieben werden muss, war die Gegend offensichtlich so etwas wie ein früher Promi-Treff. Sicher ist, dass sich Karl der Große, Ludwig I. der Fromme, Karl der Dicke und Arnulf von Kärnten die Ehre gegeben haben. Und zwar teils in der Ortschaft Salz, die schon 1057 „Stadt" geheißen wurde, teils auf der Salzburg. Eine der wichtigsten frühen Quellen datiert vom 15. Mai 1000. Dadurch wissen wir, dass Kaiser Otto III. den Salzgau dem Würzburger Bistum zum Geschenk machte.

Die Nackte und der Teufel

Der Magdalenenaltar in der Münnerstadter Pfarrkirche gilt als das erste urkundlich verbürgte Werk Riemenschneiders. Dieser lieferte es – allerdings unfertig – im September 1492 aus. Dem Schnitzwerk fehlte die farbliche Fassung. Die wurde erst zwölf Jahre später aufgetragen, und zwar durch Veit Stoß. Bevor es jedoch dazu kam, mussten die Schicksalsgöttinnen gleich etliche Male eingreifen. So reichte es nicht, dass sich Stoß, der die Unterschrift auf einem Wechsel gefälscht hatte, in Nürnberg vor Gericht verantworten musste, sondern es bedurfte noch der Flucht zu seinem Schwiegersohn nach Münnerstadt, um die Dinge so ins Laufen zu bringen, wie sie sich uns heute darstellen.

An seinem neuen Wohnort und völlig mittellos erhielt Stoß den Auftrag, die „tafeln in der pfarkirchen auf dem hohen altare zu vassen, zu malen, vergulden und außzuberyten". Dabei bekam die heilige Magdalena durch den Bistumspatron Kilian Gesellschaft. Stoß malte vier Szenen aus dessen legendärer Vita auf die Rückseite der Altarflügel. Stein des Anstoßes wurden freilich nicht diese, sondern Magdalena, die Riemenschneider völlig nackt geschnitzt hatte. Obwohl das Haarkleid umso größer ausgefallen und von der Blöße gar nichts zu sehen ist, ordnete die Geistliche Regierung in Würzburg schon 1756 „aus gewissen Gründen" die Entfernung der Figur an. Sie wurde zu Beginn des 19. Jahrhunderts – zusammen mit anderen Altarteilen – verkauft. Obwohl sich von dem einmaligen Gemeinschaftswerk der beiden großen Künstler ein Teil in Berliner und Münchner Museen befindet, lohnt das, was verblieben beziehungsweise nachempfunden wurde, allemal den Besuch.

Im Auftrag König Ludwigs I. errichtete Friedrich von Gärtner zwischen 1834 und 1838 den 200 Meter langen Arkadenbau in Bad Kissingen, der die Formen der florentinischen Frührenaissance zitiert.

Übrigens: Ohne das persönliche Eingreifen der Muttergottes würde es möglicherweise den Altar gar nicht mehr geben. Als Münnerstadt im Dreißigjährigen Krieg unter schwerem schwedischen Beschuss lag, fing Maria auf der Stadtmauer die Kugeln mit einer Sichel ab und in ihrer Schürze auf. Dass so etwas die Leute auch heute noch begeistert, beweist der Erfolg der „Schutzfrau von Münnerstadt"-Festspiele.
Bühnenreif wäre sicher auch ein Stücklein über den hiesigen Schneidermeister Nußbicker, dem es gelang, dem Teufel den Schwanz abzuschneiden. Doch so viel Beifall diese couragierte Aktion verdient, sie hat auch – wie der kluge Magister Ennius erkannte – eine Kehrseite: „Da nun der Teufel durch den langen Schwanz nicht mehr kenntlich ist, wird er sich desto freier unter den Menschenkindern bewegen und weit größeren Schaden als vorher anrichten können."

Grabfelder Begegnung

Verschiedener hätten jene beiden Menschen nicht sein können, die das Schicksal im Dezember 1793 für ein paar Monate im Schloss zu Waltershausen zusammenführte: Während der junge geniale Dichter Friedrich Hölderlin (1770–1843) an der Welt litt, hungerte Charlotte von Kalb (1761–1842) nach ihr. Die erste große Liebe der in eine katastrophale Ehe gezwungenen jungen Frau hieß Friedrich Schiller. Seinetwegen zog sie nach Mannheim. Schiller war es auch, bei dem sie 1793 aus Schloss Waltershausen nach einem Hauslehrer für ihren Sohn anfragte. Er schlug Hölderlin vor, wobei sich seine Empfehlung einigermaßen seltsam liest: „Ich glaube, daß Ihnen sein Äußeres sehr wohl gefallen wird. Auch zeigt er vielen Anstand und Artigkeit. Seinen Sitten gibt man ein gutes Zeugnis, doch völlig gesetzt erscheint er noch nicht und viele Gründlichkeit erwarte ich weder von seinem Wissen, noch von seinem Betragen."
Nachdem Hölderlin den neunjährigen Fritz anfangs noch in den höchsten Tönen – nämlich als „gut, gescheit, schön, lenksam, fröhlich" – gelobt hatte, verkehrte sich das rasch ins Gegenteil. Lehrer und Schüler gingen sich mächtig auf den Geist. Ein Wunder, dass Hölderlin unter diesen Bedingungen noch schreiben konnte. Im August 1794 wanderte er zu den Gleichbergen, den markanten vulkanischen Zwillingen, die von thüringischem Boden aus über das Grabfeld wachen. Wird der Buschwindröschen, Märzenbecher, des Seidelbasts und des Wald-

meisters Blüte versäumt, aber noch den blauen Waldakelei läuten und den Türkenbund bluten gesehen haben. Mag unter den Eichen, Buchen, Weiden, Eschen, Ulmen und Ahornen Schatten und wahrscheinlich auch aus jenen Quellen getrunken haben, die das keltische Oppidum Wasser versorgten. Es war ein Sonntag damals. Und das Wetter dementsprechend. Hölderlin sah nicht nur das Rhöngebirge, den Thüringer- und den Steigerwald, sondern auch, dank seiner der Sehnsucht geschuldeten Fantasie, das „liebe Schwaben".

Nicht einmal ein halbes Jahr später trennten sich Charlottes und Hölderlins Wege... Beide wurden übrigens ziemlich alt. Das Schicksal wollte es jedoch, dass sie die letzten Jahrzehnte ihres Lebens in Dunkelheit verbringen mussten. Während sie erblindete, fiel er in tiefe geistige Umnachtung.

Eine verhängnisvolle Affäre

Es begann alles damit, dass der bayerische König Ludwig I. einer Dame verfiel, die keine war. Als „Tänzerin" durch die Lande reisend, vermochte sich Lola Montez nicht nur auf der Bühne ins rechte Licht zu setzen. Am überzeugendsten war sie, wenn sie die zahlreichen Verehrer und Liebhaber nach ihrer Pfeife tanzen ließ. Dem armen Ludwig erging es darin nicht besser, als den vielen vor und nach ihm.

Gefunkt hatte es zwischen den beiden in Bad Brückenau. Und zwar 1846. Da war der Ludwig 60 und die Lola gerade einmal 23. Es heißt, dass sie bei der Audienz extra ihr Brustgewand eingerissen habe, um dem Monarchen möglichst viel von dem zu zeigen, was sich darunter befand.

Jedenfalls biss der König sofort an und unterwarf sich freiwillig der Regentschaft der Mätresse. Die hatte, trotz ihres jugendlichen Alters, hinreichend Erfahrung mit Männern und wusste auch, wie sie diesen zu nehmen hatte. Nannte ihn zärtlich ihren Louis, wogegen er sie, zutiefst bewegt und erregt, Lolinde hieß. Auf Dauer war ihr das allerdings nicht genug. Genau wie die zahllosen Reime, mit denen er sich ihretwegen ins literarische Unterholz begab. Sind sie doch allesamt ähnlich simpel gestrickt wie dieser:

Süße Düfte streut die Linde
in dem schönen Brückenau.
Unter Zweigen, die sich neigen,
weilt die allerschönste Frau.

Das Volk bewies lange Geduld mit seinem König, aber nicht ewig. Am Ende verlor er nicht nur die Mätresse, sondern auch die Krone. Die Brückenauer hingegen waren und sind nach

Am 925 Meter hohen Heidelstein ist der Winter eingekehrt. Dazu aus dem „Journal von und für Franken von 1790": „Kaum überziehet der Schnee die Oberfläche der Rhöne, als sich schon eine grimmige Kälte einstellt."

wie vor gut auf ihn zu sprechen. Haben sie ihm doch nicht nur werbewirksame Schlagzeilen, sondern auch etliche repräsentative Baulichkeiten zu verdanken.

Die verlorene Welt

Man hat sie damals übersehen, als in Deutschland die Synagogen brannten. War doch das jüdische Gotteshaus schon zuvor aufgegeben und als Scheune genutzt worden. Und so geschah es auch noch Jahrzehnte danach. Heute, restauriert, dient es als Stätte der Erinnerung und Begegnung.
Als ich zum ersten Mal hierher kam, erhielt ich mit dem Schlüssel die Mahnung, ja vorsichtig zu sein; dem damaligen Zustand des Gebäudes wegen und der Gerätschaften, die dort lagerten. Die Tür quietschte Zeit aus den Angeln. Ein Schrei wider das Vergessen. Spinnweben überall. Vorhänge von biblischem Alter. Ich musste mit den Händen sehen. Unter meinem Schritt begannen die Bretter der Empore zu singen. Hie und da fehlte der Boden, war Abgrund. Ich ahnte, wie nahe das „Hohelied" König Salomos und Celans „Todesfuge" sein können.
Das zwischen dem jüdischen und dem christlichen Gottesacker gelegene Gesindehaus des verschwundenen Schlosses wurde noch weit in die zweite Hälfte des vergangenen Jahrhunderts hinein von der letzten Freifrau Buchoniens bewohnt. Deren Vorfahren aus dem reichsritterlichen Geschlecht derer von Speßhardt waren die jüdischen Händler ebenso viel Wert gewesen wie die Menschen anderen Glaubens. Sie stellten Schutzbriefe aus und ihren Marstall für Schule und Bethaus sowie ein Stück Land für den Friedhof zur Verfügung. Der Preis für die Grablege wurde von den Angehörigen der Toten in Gewürzen beglichen. Ein Platz Ewigkeit kostete in der von Speßhardtschen Währung ein Viertelpfund Ingwer und Muskatnüsse.
Walter Werner, der Dichter der thüringischen Rhön, zitierte einen in die USA emigrierten jüdischen Bewohner Aschenhausens, der bei einem Besuch in der alten Heimat resümierte, dass „Vergangenheit nur eine verdrängte Wartezeit unseres Lebens" sei.

Bacchus lässt grüßen

Die Rhön ist zugegebenermaßen eine kühle Schönheit. Umso erstaunlicher, dass ihr der sonnenverwöhnte Bacchus einen Rebenkranz windet. Und zwar seit dem 7. Januar 777, als

Karl der Große der Stadt Hamalumburc, „damals Dominium der Abtei Fulda, acht Weinberge zum dauernden Genuß überließ. Aus einem Dominium wurde eine Domäne, das Weingut von Schloß Saaleck, der schönsten Burg im ganzen Tal. An ihrem Mittagshang gedeiht der beste Saalewein, ein Zierlichster unter Zierlichen. Die Rebe zieht flußaufwärts mit und gewinnt, zwei Wegesstunden vor Kissingen, noch einmal eine Burg und Höhenlage, die der Burgruine Trimburg über dem Dorf Trimberg" (Friedrich Schnack).
Möglich, dass eine Verwechslung im Spiel war, als man den Wein von der Fränkischen mit dem der Sächsischen Saale gleichsetzte. Wurde doch letzterem nachgesagt, dass diejenigen, die ihn trinken, ihre Strümpfe nicht zu stopfen brauchten, da er so sauer sei, dass sie sich alleine zusammenzögen. Jedenfalls legte man in Mainfranken die Stirn in Falten, wenn die Rede auf die „Rhönweine" kam. Anfangs der fünfziger Jahre des vergangenen Jahrhunderts wären diese fast vom Markt verschwunden, wenn sich nicht ein paar Querköpfe der allgemeinen Überzeugung, den Weinbau aufzugeben, widersetzt hätten. Doch Widerstand und Visionen haben sich gelohnt. Dank des gezielten Einsatzes frühreifer und frostharter Sorten geschah ein „Weinwunder in der Rhön" (Carlheinz Gräter). Der Ertrag an Rebsaft ist zwar relativ begrenzt, in seiner Qualität jedoch überzeugend. Obwohl inzwischen auch Bacchus, Kerner und Ortega Einzug gehalten haben, halten Kenner die unvergleichlich spritzigen Müller-Thurgau-Weine nach wie vor für das Maß aller Dinge.

Dem Gaumen zur Freude

1890 erschien in der „Gartenlaube" ein Artikel über „Eine Bauernhochzeit im Rhöngebirge", bei dessen Lektüre die biederen Leser den Eindruck gewonnen haben müssen, dass man dort der Völlerei huldigte. Hier die Speisekarte: „1. Nudelsuppe, 2. Rindfleisch mit Meerrettich und Preiselbeeren, 3. Sauerkraut mit Schweinefleisch und Erbsenbrei, 4. Bratwürstchen mit Salat und Gemüse, 5. Hirsebrei und Zwetschgenhutzeln, 6. noch einmal Nudelsuppe, 7. Schweinebraten mit Salat."
Kein Wunder, dass man hinterher noch einen Tag – den sogenannten „Wälsetag" – brauchte, um sich „von den Anstrengungen der vorgängigen Feier" zu erholen. Dazu muss gesagt werden, dass heutige Hochzeitsessen kaum weniger opulent sind – mit dem kleinen Unterschied, dass noch diverse Kuchen und Torten nebst anderen süßen Verlockungen hinzukommen.
Neben dem Dauerbrenner Rhönforelle gibt es auch einen aktuellen kulinarischen Renner, bei dem es sich eigentlich um eine Wiederent-

Wie zu alten Zeiten: Postkutsche vor Schloss Aschach. Das malerisch über der Fränkischen Saale gelegene Anwesen geht auf eine hennebergische Burg zurück, die Ende des 15. Jahrhunderts in würzburgischen Besitz überging. Durch den unterfränkischen Regierungspräsidenten Friedrich Graf von Luxburg als neuen Eigentümer erhielt die Anlage ihr heutiges Gesicht.

deckung handelt: das Rhönschaf. Die große Zeit dieser zu den ältesten Rassen Deutschlands gehörenden Tiere mit den unverwechselbaren schwarzen Köpfen war das 19. Jahrhundert. Ausgerechnet der als Feinschmecker bekannte Napoleon gab den Startschuss zu ihrer internationalen Karriere. Als er im Oktober 1813 mit seinem Heer die Rhön durchquerte, war er von dem Fleisch auf seinem Teller so begeistert, dass er zigtausend dieser Tiere nach Frankreich importieren ließ.
Nach diesem Höhenflug ging es allerdings nur noch bergab. Erst als das Rhönschaf schon kurz vor dem Aussterben war, besann man sich seiner wieder – was nicht nur den Wiesen, sondern auch dem menschlichen Gaumen zugute kommt.

Projekt Zukunft

Das UNESCO-Biosphärenreservat Rhön gibt es seit März 1991. Ein halbes Jahrhundert durch eine Grenze zerschnitten, war die Region nun wieder eins und Deutschlands Mitte. Dass sie zu gleich drei verschiedenen Bundesländern gehörte, gab nicht wenig Anlass zur Skepsis. Doch es brauchte nicht einmal ein Jahrzehnt, um die Zweifler zu überzeugen: Im Jahr 2000 erhielt das Biosphärenreservat für innovative Projekte zur Realisierung einer nachhaltigen Entwicklung und die beispielgebende Zusammenarbeit von Bayern, Hessen und Thüringen die Auszeichnung „Region der Zukunft".
Dabei geht es nicht darum, das irdische Paradies neu zu beleben, wohl aber um die Korrektur eines Missverständnisses. Nämlich, dass es sich bei Vers 1,28 der Genesis – „Seid fruchtbar und mehret euch und füllt die Erde und macht sie euch untertan und herrscht über die Fische im Meer und die Vögel des Himmels, über das Vieh und alle Tiere, die sich auf der Erde regen" – um einen Freibrief für Ausbeutung und Zerstörung handelt.

Seite 22/23: *Fischbach im thüringischen Feldatal wurde erstmals im 9. Jahrhundert in einer Schenkungsurkunde an das Kloster Fulda erwähnt. Heute leben hier rund 550 Menschen.*

Seite 24/25: *Das Alte Schloss in Mellrichstadt, inzwischen Amtsgericht und Sitz der Verwaltungsgemeinschaft, geht auf den Würzburger Fürstbischof Lorenz von Bibra zurück, der 1459 in dem Ort das Licht der Welt erblickte.*

Seitdem der Kreuzberg den mächtigen Sendemast trägt, ist er erst recht weithin sichtbar und nicht zu verfehlen. Mehr als eine halbe Million Wallfahrer und Besucher finden alljährlich hierher.

Bayerns rhönisches Territorium ist zweigeteilt. Das Wappen des Landkreises Bad Kissingen wird von drei silbernen Brunnenschalen geziert. Drücken doch Badebetrieb und Fremdenverkehr der Region ihren Stempel auf. Interessanterweise sind die Kurgäste schon recht bald auf den Dreh gekommen, Heilwirkung und Geschmack des Wassers miteinander auszusöhnen. Leopold Höhl berichtet in seinem „Rhönspiegel" (1892), dass der Max- und der Stahlbrunnen in Kissingen und Bocklet „als heilsame Beimischung zum Weine verabreicht" wurden. Die urfränkische Bezeichnung „Schorlemorle" dürfte damals dem heimlichen Charakter dieses Getränkes zusätzlich zugute gekommen sein.

Apropos Trinken (und Essen). Mit dem „Schwarzen Adler", dessen Haupthaus im Kern noch von 1606 datiert, kann sich der Landkreis Rhön-Grabfeld des wohl ältesten in Betrieb befindlichen Wirtshauses des Gebirges rühmen. Der malerische Fachwerkbau wurde ins Fränkische Freilandmuseum Fladungen umgesetzt, das sich seit seiner Eröffnung im Jahr 1990 zu einem echten Publikumsmagneten entwickelt hat. So legen viele Besucher, die auf der Hochrhönstraße zum Natur-Highlight Schwarzes Moor unterwegs sind, in dem malerischen Fachwerkstädtchen, das außerdem noch ein sehenswertes Rhönmuseum besitzt, eine Kultur-Pause ein.

In seinen „Briefe(n) über die Hohe Rhöne Frankens" (1803) schrieb Franz Anton Jäger, dass man hier nicht nur „frey im Umgange", sondern auch „beherzt in Unternehmungen" sei. Letzterem dürfte auch die Erfindung des Rhönrades geschuldet sein, das Otto Feick 1925 in Schönau an der Brend zum Patent angemeldet hatte. Das originelle Sportgerät gewann rasch an Liebhabern und wurde sogar 1936 in das Rahmenprogramm der Olympischen Spiele in Berlin aufgenommen. Es besteht aus zwei großen Reifen mit – der Größe des Turners/der Turnerin entsprechend – einem Durchmesser von 1,30 bis 2,45 Metern, die durch sechs Sprossen miteinander verbunden sind. Seit 1995 gibt es im Rhönrad-Turnen auch Weltmeisterschaften.

Oben:
Hier, inmitten einer Streuobstwiese, lässt es sich gut picknicken. Rastplatz bei Sulzdorf an der Lederhecke, einer Ortschaft im Grabfeld.

Rechts:
Dieser an die deutsch-deutsche Teilung erinnernde Schlagbaum nahe Rappershausen ist Teil eines rund dreieinhalb Kilometer langen Denkmalschutz- und Naturlehrweges entlang der ehemaligen bayerisch-thüringischen Grenze.

Links:
Kleinbardorf beherbergt den zweitgrößten jüdischen Friedhof in Bayern. Dieser ist rund 21 000 Quadratmeter groß und zählt 4400 Gräber; vor Beginn der Naziherrschaft waren es noch 20 000.

Unten:
„Frühling läßt sein blaues Band wieder flattern durch die Lüfte ...", schwärmte einst Eduard Mörike. Hier: blühender Apfelbaum bei Thundorf im Landkreis Bad Kissingen.

Oben:
Die Ortschaft Salz ging aus einem 741/42 erstmals urkundlich erwähnten fränkischen Königshof hervor. Karl der Große war gleich dreimal hier. Andere Herrscher folgten ihm nach.

Rechts:
Die Pfarrkirche Mariä Himmelfahrt in Salz, eine dreischiffige Pfeilerbasilika, stammt im Kern aus dem 10. Jahrhundert. Die Stuckierung des Innenraumes erfolgte Ende des 18. Jahrhunderts.

Oben:
Eine künstlich angelegte Insel trägt das von einem malerischen Fachwerkgeschoss gekrönte Schloss Irmelshausen. Die gut erhaltene mittelalterliche Veste im Milzgrund gilt als schönste Wasserburg Frankens.

Links:
Das Wasserschloss Kleinbardorf wurde Ende des 16. Jahrhunderts errichtet. Bauherr war Heinrich von Bibra. Mitte des 18. Jahrhunderts erfolgte ein grundlegender Umbau durch die Freiherren von Guttenberg.

Linke Seite:
In Unterebersbach an der Fränkischen Saale. Die erstmals 1230 in einem Vertrag zwischen dem Würzburger Bischof und einem Henneberger Grafen erwähnte Ortschaft wurde 1978 Niederlauer eingemeindet.

Links:
Auf der Brücke in Mittelstreu hält der heilige Nepomuk Wache. Das namensgebende Flüsschen entspringt in Thüringen und mündet nach rund 35 Kilometern in die Fränkische Saale.

Ganz links:
Der sandsteinerne Erzengel Michael steht am Fußweg zur Wallfahrtskirche Mariä Heimsuchung in Saal an der Saale. Die barocke Figur datiert aus dem Jahre 1730.

Links:
Auch der Brückenübergang über den Elsbach in Unsleben steht unter dem Schutz von St. Nepomuk. Die Figur des Heiligen datiert vom Ende des 18. Jahrhunderts.

Oben:
Vom rund 400 Meter hohen Judenhügel in Kleinbardorf, der westlichsten Erhebung der Haßberge, ergibt sich ein weiter Blick über die Wiesen, Felder und Wälder des Grabfeldes.

Rechts:
Das Wasserschloss in Unsleben wurde Mitte des 12. Jahrhunderts erstmals urkundlich erwähnt. Das Anwesen, in dem man sich auch einmieten kann, ist im Besitz von Christoph Graf zu Waldburg-Wolfegg.

Links:
Die – mit den beiden Eingemeindungen Leutershausen und Windshausen – rund 3500 Einwohner zählende Ortschaft Hohenroth wird von einem unter dem Patronat der Gottesmutter stehenden Gotteshaus mit Satteldach und seitlich gestelltem Turm überragt.

Unten:
Ländliche Idylle in Höchheim. Durch die an der ehemaligen deutsch-deutschen Grenze gelegene Ortschaft verlaufen die beiden Europäischen Fernwanderwege E3 und E6.

Fritz
Maler · Putz

ST. MARTINI-APOTHEKE

NATUR
KOST
am Hohntor
P
Hotel

Seite 36/37:
Mellrichstadt kann sich eines schönen mittelalterlichen Stadtkerns rühmen. Hier der Markt des aus einem karolingischen Königshof hervorgegangenen Städtchens in abendlicher Illumination.

Der lange rechteckige Marktplatz, die „Gute Stube" Bad Neustadts, geht in seinem Grundriss auf das frühe 13. Jahrhundert zurück, als die Stadt planmäßig ausgebaut und mit einem Bering bewehrt wurde.

Linke Seite:
Das Hohntor mit dem prächtigen Renaissancegiebel ist nicht nur Blickfang der in weiten Teilen erhaltenen Stadtbefestigung, sondern auch historisches Wahrzeichen Bad Neustadts.

Blick auf den Marktplatz von Bad Königshofen, dem jüngsten Heilbad der Rhön. Im Hintergrund die in der zweiten Hälfte des 15. Jahrhunderts errichtete katholische Stadtpfarrkirche, im Vordergrund der Michaelsbrunnen (1697/98).

Unterwaldbehrungen liegt im sogenannten Besengau, der seinen Namen von den hier ansässigen Besenbindern bekam. Der ursprüngliche Name Waldbaring lässt auf eine thüringische Gründung schließen.

Rechte Seite:
Mit einem doppelten Mauerring, sechs Bastionen und fünf Wehrtürmen mutet die Kirchenburg in Ostheim vor der Rhön eher wie eine Festung denn wie ein Gotteshaus an. Doch die starke Bewehrung war auch nötig, um Leben und Gut der Einwohner zu schützen.

Seit seiner Eröffnung 1990 hat sich das Fränkische Freilandmuseum in Fladungen zu einem echten Besuchermagnet entwickelt. Hier hat man unter anderem die Möglichkeit, Handwerkern und Landleuten über die Schulter zu schauen. Auf dem Bild unten wird – mit einer von Hand betriebenen Presse – Apfelsaft hergestellt.

Im Freilandmuseum Fladungen kann man zahlreiche historische, von ihrem ursprünglichen Standort hierher versetzte Gebäude – so die alte Dorfschule von Krausenbach (Bild links) – besichtigen. Zwischendurch kann man zum Beispiel an einem idyllischen Weiher eine Pause einlegen.

Links:
Fluss- und Fachwerkidylle in Nordheim vor der Rhön. Die dreibogige Brücke hilft seit nunmehr fast vierhundert Jahren Menschen und Gefährten, die Streu zu überqueren.

Unten:
Nordheim geht auf eine fränkische Siedlung zurück. Im Jahre 1000 kam der Ort zum Hochstift Würzburg. 1805 zunächst dem Großherzogtum Würzburg zugeschlagen, fiel er neun Jahre später an Bayern.

Ganz unten:
Das im Dreiländereck zwischen Bayern, Thüringen und Hessen gelegene Willmars kann sich sowohl eines Schlosses als auch einer Wehrkirche rühmen. Die Fresken des Gotteshauses stammen aus gotischer Zeit.

Oben:
Für das Anfang des 20. Jahrhunderts errichtete Jagdschloss Holzberg lieferte das dänische Wasserschloss Frederikstein das Vorbild. Das Anwesen kommt bis heute ohne Strom aus.

Rechts:
Das „Rhönhäuschen" bei Bischofsheim a. d. Rhön, heute eine der bekanntesten gastronomischen Adressen in der Rhön, begann seine Existenz als bayerisches Straßenwärter- und Zollhaus an der Grenze zu Preußen.

Oben:
Auf dem Marktplatz von Bischofsheim wurden einst acht Märkte pro Jahr abgehalten. Das an der wichtigen Straße zwischen Bamberg und Fulda gelegene Städtchen war Verwaltungssitz des Hochstiftes Würzburg. Im Hintergrund der 26 Meter hohe Stadtturm (Zentturm).

Links:
Seit 1981 gibt es in Bischofsheim ein dem Moskauer Patriarchat unterstelltes orthodoxes Gotteshaus (das Gebäude rechts mit dem vergoldeten Dachreiter).

Oben:
Das auf der Liste der „100 schönsten Geotope Bayerns" vermerkte Feuchtgebiet des Schwarzen Moores erstreckt sich über eine Fläche von 65 Hektar. Die Torfschicht misst teilweise mehr als acht Meter.

Rechts:
Am Gangolfsberg gibt es eine besonders eindrucksvolle Hinterlassenschaft aus der vulkanischen Jugendzeit des Rhöngebirges zu bestaunen: die Basaltbrücke bei Oberelsbach.

Seite 50/51:
Der Kreuzberg, von der Ruine Osterburg aus gesehen. Über die aus Wiesen und Wäldern bestehende Landschaft wölbt sich ein weiß-blauer Himmel, dem der knapp 930 Meter hohe heilige Berg der Franken dank des stählernen Sendemastes noch ein Stück näher kommt.

Links:
Rast unter dem Gipfelkreuz des nördlich von Oberweißenbrunn gelegenen 776 Meter hohen Rockensteins, einem Ausläufer des Himmeldunkberges, über dessen Gipfel die Rhein-Weser-Wasserscheide verläuft.

Unten:
Der Rothsee nahe Bischofsheim an der Hochrhönstraße. Das von Bäumen eingewachsene romantische Gewässer ist vor allem bei Anglern beliebt. Zudem lädt ein Restaurant zur Einkehr ein.

Dem Himmel nahe – der Kreuzberg

Auf dem Kreuzberg dreht sich alles um die gute Aussicht. Irgendwann hat einer einmal die Ortschaften gezählt, die man bei klarem Wetter von hier oben aus sehen kann. Es sollen mehr als hundert sein.
Um eine andere Aussicht, nämlich die, dem Himmelreich ein Stück näher zu kommen, geht es jenen, die als Pilger auf den Kreuzberg wandern. Soll doch schon der heilige Kilian hier gewesen sein und zwar im Jahre 686, als der Berg noch eine heidnische Kultstätte trug. So schien er ihm gerade der rechte Ort, um dem neuen, christlichen Glauben ein sichtbares Zeichen zu setzen. Das Kreuz, das er damals aufgerichtet haben soll, wurde angeblich erst im Bauernkrieg zerstört.
1582 nahm Fürstbischof Julius Echter die Sache in die Hand und ließ, gründlich wie er war, gleich drei Kreuze errichten. Dazu eine Kapelle und ein paar behelfsmäßige Unterkünfte für Franziskanerpatres aus Dettelbach, die in den Sommermonaten die Pilger betreuten. Obwohl diese echterschen Kreuze nicht aus Holz, sondern aus Stein waren, erging es ihnen nicht besser als ihrem Vorgänger.
In der Kapelle einen Span vom Heiligen Kreuz zu zeigen, lohnte sich. Die Pilger strömten nun erst recht auf den Kreuzberg. 1692 wurden die jetzige Kirche und das Bergkloster – die Mönche saßen zuvor ein knappes halbes Jahrhundert hinweg in Bischofsheim – ihrer Bestimmung übergeben. Der Fürstenbau, für hohen Besuch aus Würzburg und dessen Gäste bestimmt, kam sieben Jahre später hinzu, der Kreuzweg im Jahre 1710.
Wurden um 1750 noch 50 000 Kommunionen auf dem Kreuzberg gezählt, bereitete die Säkularisation den Wallfahrten ein vorläufiges Ende. Das Kloster versank in einen längeren Dornröschenschlaf, aus dem es erst nach seiner Angliederung an die bayerische Franziskanerprovinz wieder erwachte.

Wider den Durst

Mit jährlich einer halben Million und mehr Besuchern ist der Kreuzberg nicht nur das höchstgelegene, sondern auch das meistbesuchte Touristenziel in der Bayerischen Rhön. Die Klosterwirtschaft und das benachbarte Wirtshaus sowie die Souvenirhändler brauchen sich also wegen des Geschäftes keine Gedanken zu machen. Der große Renner ist das süffige Klosterbier. Es wird seit 1731 gebraut und schmeckt Wallfahrern und Ausflüglern gleichermaßen gut – vielleicht auch zu gut. Was dazu geführt hat, dass das besonders gefährliche Starkbier Klosterverbot erhielt. Sprich: nicht mehr hergestellt wird.
Besonders viel ist hier zu den beiden Kreuzfesten am 3. Mai und 14. September los. Am eindrucksvollsten sind die Fußprozessionen. Die Würzburger Kreuzbruderschaft organisiert diese seit über 350 Jahren. Die Pilger haben vom Neumünster zum Kreuzberg und zurück 180 Kilometer vor sich, für die sie fünf Tage brauchen.
Eigentliches Ziel, und das ist das Besondere hier, ist nicht die Kirche, sondern sind die drei Kreuze, denen das Gipfelplateau allerdings nicht mehr allein gehört. Die Ikone der neuen Zeit ist in diesem konkreten Fall ein riesiger Sendemast. Aber auch Skilifte, die dem Berg eine weitere Karriere als Wintersportzentrum eröffnet haben, Mountainbiker und Gleitschirmflieger zeugen davon, dass die Welt nicht stillsteht.
Während das Logistikproblem heute durch LKWs gelöst wird, machten das früher Esel. „Diese Thiere waren immer so abgerichtet, daß sie, von einem einzigen Hunde begleitet, allein nach Neustadt unmittelbar zum Metzger gingen, um Fleisch und andere Bedürfnisse für die geistliche Klostergemeinde abzuholen. Aber weder Hund noch das Maulthier gingen dem Metzger von der Stelle, wenn er beide nicht gefüttert hatte, ehe er dem Thiere die zwei beladenen Körbe anhing“, heißt es in einer 1816 erschienenen Beschreibung des Kreuzberges.
Unberührt von allem irdischen Wandel ist seit Kilians Zeiten nur der Himmel gleich hoch und weit geblieben.

Links:
Zwölfte und letzte Station des auf den Gipfel führenden Kreuzweges sind die drei monumentalen Kreuze.

Oben:
Obwohl der Biergarten der Klostergaststätte ziemlich groß ist, ist es oft schwer, einen Platz zu ergattern.

Rechts oben:
Der heilige Kilian, ein iro-schottischer Missionar, soll einst das erste Kreuz auf dem Berg errichtet haben.

Rechts Mitte:
Diese Wandergruppe hat allen Grund zum Lachen. Liegt doch der Aufstieg auf den Berg hinter ihr.

Rechts:
Blick auf den Altar der Ende des 18. Jahrhunderts im Auftrag der Franziskaner errichteten Wallfahrtskirche.

Seit 1958, als am Kreuzberg einer der ersten Schlepplifte Deutschlands in Betrieb genommen wurde, hat in der Rhön auch der alpine Wintersport Einzug gehalten.

Das Skigebiet Kreuzberg umfasst vier Lifte, mehr als zehn Pisten, eine Sprungschanze und zwei Rodelbahnen. Darüber hinaus ist es in ein ausgedehntes Loipennetz eingebunden.

Oben:
Beliebtes Ausflugsziel für Jung und Alt in den Schwarzen Bergen: das ganzjährig bewirtschaftete Würzburger Karl-Straub-Haus auf dem Farnsberg nahe Wildflecken.

Rechts:
Alte Rasse mit Charakterkopf: Das schmale schwarze Gesicht des Rhönschafes bildet zum weißen Fell einen augenfälligen Kontrast.

Links:
Der Lindenstumpf nördlich von Schondra zählt ebenfalls zu den „100 schönsten Geotopen Bayerns“. Der Gipfel wird durch horizontal liegende Basaltprismen geprägt.

Unten:
Blick auf das „Tintenfass der Rhön“. Der oberhalb des Jugendzeltplatzes Farnsberg, also in den Schwarzen Bergen, gelegene romantische See entstand durch den Basaltabbau.

Unten:
Nur durch ein schmales, von einem Bach durchflossenen Tal von der Kreuzberg-Gruppe getrennt: die Schwarzen Berge. In diesem mit einer Parklandschaft verglichenen Teil der Hohen Rhön wechseln Wälder, Hecken und Wiesen einander ab.

Rechts oben:
Maria Ehrenberg, der nördlichste Marienwallfahrtsort Bayerns, liegt mitten im Truppenübungsplatz Wildflecken. Die erste steinerne Kapelle datiert vom Ende des 17. Jahrhunderts.

Rechts Mitte:
In einem grünen Laubmeer verborgen: die Kriegergedächtniskapelle über Riedenberg. Das ursprünglich spätbarocke Gotteshaus erhielt 1949 sein jetziges Aussehen.

Rechts unten:
Die Blockschuttwälder der Rhön, hier am Mettermich, einem knapp 600 Meter hohen Basaltkegel bei Schondra, geben sich märchenhaft und geheimnisvoll.

BEL

VUE
HERZLICH WILLKOMMEN

Links:
Der Große Kursaal in Bad Brückenau entstand zwischen 1827 und 1833. Auftraggeber des von Hofarchitekt Johann Gottfried Gutensohn entworfenen klassizistischen Prachtbaus war ebenfalls König Ludwig I.

Unten:
Im Hintergrund der Große Kursaal, davor das Denkmal König Ludwigs I., das zum 150-jährigen Jubiläum des Staatsbades im Jahre 1897 enthüllt wurde.

Seite 60/61:
Das heutige Hotel „Bellevue" im historischen Kurpark war das erste Gebäude (1819), das König Ludwig I. in Bad Brückenau errichten ließ. Die Pläne lieferte Baurat Bernhard Morelli.

Oben:
Zum Kurparkfest ist nicht nur ganz Bad Brückenau auf den Beinen, sondern es kommen auch viele auswärtige Besucher. König Ludwig I. hätte bestimmt seine Freude an dem Spektakel gehabt.

Oben:
Schloss Saaleck in Hammelburg. Gesehen vom Bergfried aus. Der aus Buckelquadern errichtete Turm, dessen Mauern bis zu 3,50 Meter stark sind, datiert aus dem 12. Jahrhundert.

Rechts:
Das zwischen 1725 und 1738 erbaute Hammelburger Kellereischloss zählt zu den wichtigsten fränkischen Dependancen des Weingottes Bacchus. In den Fässern – das sei verraten – lagern gar köstliche Tropfen.

Oben:
Das Aschacher Schloss beherbergt sowohl das hochkarätige Graf-Luxburg- als auch ein Volkskunde- und ein Schulmuseum. Und für das leibliche Wohl ist auch bestens gesorgt.

Links:
Neben dem Fürstensaal gehört der ebenfalls mit originaler Einrichtung erhaltene Rote Salon zu den meistbewunderten Räumen des Graf-Luxburg-Museums.

Links:
Blick vom Jörgentor auf Münnerstadt. Die mächtige Pfarrkirche St. Maria Magdalena enthält teils romanische, teils gotische Bauteile. Die letzten massiven baulichen Veränderungen erfolgten zwischen 1608 und 1612.

Bilder unten:
Das Festspiel „Die Schutzfrau von Münnerstadt" erinnert an die wundersame Errettung der Stadt im Dreißigjährigen Krieg. Von den Schweden hart bedrängt, wandten sich die verzweifelten Bürger in ihrer Not an die Gottesmutter. Diese erhörte die Bitte und „fing, als Schnitterin auf der Mauer stehend, die Kugeln mit einer Sichel in ihrer Schürze auf" – so steht es zumindest im Sagenbuch des Christian Ludwig Wucke zu lesen.

Unten:
Die Anlagen in Bad Kissingen sind weiträumig und großzügig gestaltet. So findet sich im Kurpark immer ein Plätzchen zum Verweilen. Für den Arkadenbau im Hintergrund lieferte Friedrich von Gärtner die Pläne.

Rechts:
Im Vordergrund der Rosengarten, dahinter der Regentenbau. Das prachtvolle Konzert- und Festsäle sowie Lese- und Spielzimmer beherbergende Gebäude datiert aus dem Jahr 1913.

Oben:
Die Wandel- und Brunnenhalle wurde – wie der Regentenbau und das Theater – zu Beginn des 20. Jahrhunderts von Max Littmann errichtet. Im Vordergrund ein mächtiger Schwarznussbaum, der sein natürliches Verbreitungsgebiet im Osten der USA hat.

Oben:
Blickfang des Marktplatzes von Bad Kissingen ist das Alte Rathaus aus dem späten 16. Jahrhundert. Heute hat dort die Stadtinformation ihren Sitz. Außerdem werden die Räumlichkeiten für Ausstellungen genutzt.

Rechts:
In Bad Kissingens Altstadt gibt es jede Menge Möglichkeiten zum Einkaufen und Einkehren. Und zwar für jeden Geschmack und für jeden Geldbeutel. Hier die Ludwigstraße.

Links:
Das sandsteinerne Kurtheater ist das erste Gebäude, das Max Littmann in Kissingen baute. Zur Eröffnung im Sommer 1905 wurde Leoncavallos Oper „Der Bajazzo“ gegeben.

Unten:
Der Grüne Saal im Regentenbau war von Anfang an als Musikzimmer gedacht. Sein Name rührt von der silberfarbenen Jugendstil-Bemalung auf grünem Grund, die von Julius Mösse ausgeführt wurde.

Weithin bekannt und vielbesucht – die Bäder

Der fränkische Schriftsteller Friedrich Schnack erklärte den Erfolg der Rhöner Heilbäder mit dem Argument, dass der Mensch zum Gehen geboren und nicht zum Sitzen bestellt sei. Leider gäbe es aber immer mehr „Setz- und Sitzlinge und ... Sitzengebliebene". Diese müssten dann „nach Kissingen und Bocklet, nach Brückenau und anderswohin, um Bitterwasser und Säuerlinge zu schlucken und das Gehen wieder zu erlernen. Wer dazu noch „viele scharfe Sachen" trinke, könne „die mißhandelte Leber und Galle mit der Sole des ‚Runden Brunnens'" (in Kissingen) waschen lassen.
Wie viel man in karolingischer Zeit getrunken hat, ist nicht ausdrücklich überliefert. Wohl aber, dass die Kissinger Salzquellen schon damals genutzt wurden. Reste einer alten Eichenfassung deuten darauf hin, dass auch der Bockleter Gesundbrunnen schon seit langem bekannt war. Lange vergessen, wurde er erst 1720 durch Zufall – oder göttliche Wegweisung – wiedergefunden. War es doch der Pfarrer von Aschach, der damals auf einer Wiese „einen gelben, mit buntschillernder Haut überzogenen Sumpf" entdeckte und aus dem eigentümlichen Geschmack des Wassers sowie aus dessen Farbe Parallelen zu den heilkräftigen Quellen im benachbarten Kissingen zog.
Dass unter Königshofen mineralische Quellen sprudeln, weiß man erst seit 1896. Damals suchte man Trink- und fand Mineralwasser. Immerhin dauerte es bis zum Jahr 1973, ehe es sich Heilbad nennen durfte. Obwohl darüber noch nicht allzu viel Zeit vergangen ist, hat sich der Badeort bereits viele Freunde gemacht. Auch hier wird das heilkräftige Wasser sowohl zum Trinken als auch zum Baden genutzt. Der FrankenTherme ist der „1. Natur-Heilwassersee Deutschlands" angeschlossen.
Neustadt gibt es schon seit dem frühen Mittelalter, Bad Neustadt erst seit 1934. Dafür verschwand Bad Neuhaus durch die Eingemeindung in Neustadt von der Landkarte. Gekurt wurde hier schon ab der Mitte des 19. Jahrhunderts. Gräfin Elisabeth von Haxthausen ließ damals die Quellen fassen und das erste Badehaus errichten. Den Kurgästen stehen vier an Glauber- und Bittersalzen reiche Säuerlinge zur Verfügung.
Das wohl schönste Gradierwerk Deutschlands findet sich in Bad Salzungen, also in Thüringen. Die beiden je 80 Meter langen Trakte sind durch einen Mittelbau im hennebergisch-fränkischen Fachwerkstil miteinander verbunden. Eine Trinkhalle und ein Musikpavillon vervollständigen die Anlage. Zum Kurkomplex mit dem verheißungsvollen Namen „Keltenbad" gehören außerdem eine 450 Quadratmeter große Bade- sowie eine attraktive Saunalandschaft.

Aus Brückenau und Kissingen

1747 durch den Fuldaer Fürstabt Amandus von Buseck gegründet, darf sich Brückenau eines der ältesten Heilbäder Deutschlands nennen. Der alles andere als weltfremde Kirchenmann machte den Aufbau der Kuranlagen zur Chefsache. Ließ einen Kurgarten anlegen und sechs Gästehäuser erbauen. Dazu das Wirtshaus „Roß". Und die Sinn bekam eine neue Brücke. Richtig bekannt wurde Brückenau aber erst unter den Wittelsbachern. Insgesamt sechsundzwanzig Mal kam König Ludwig I. in das Bad, das zeitweilig zur Sommerhauptstadt Bayerns wurde.
Jedenfalls war hier um diese Zeit mehr los als in Kissingen. Dort hatte 1737 der Apotheker Georg Anton Boxberger die später „Rakoczy" geheißene Quelle wiederentdeckt und Balthasar Neumann daraufhin die Saale abdrängen lassen, wodurch der Brunnen erst nutzbar wurde. Zum Weltbad avancierte der Ort in der zweiten Hälfte des 19. Jahrhunderts, als die Kaiser, Könige, Zaren und Fürsten in Scharen anreisten. Sie alle lobten Kissingen über den grünen Klee. Bismarck fühlte sich von seinem „Gesundheitsbankerott" erholt und „Sissi" von ihrer Gicht befreit, sodass sie wieder normal gehen und ohne Schmerzen aufs Pferd setzen konnte. Es hieß, dass sie sich ihre Reitkleider auf die bloße Haut anpassen ließ. Ob das stimmte, konnten freilich nur diejenigen beantworten, die der Kaiserin bei ihren Ausritten entsprechend nahe kamen.

Links:
Das „Triamare" in Bad Neustadt mit der fast 100 Meter langen Wasserrutsche ist ein echter Besuchermagnet.

Oben:
Die Wandelhalle im Kur- und Schlosspark von Bad Neustadt wurde Ende der Zwanzigerjahre des 19. Jahrhunderts ihrer Bestimmung übergeben.

Kleine Bilder rechts, von oben nach unten: *Der rautenförmig angelegte Kurpark von Bad Bocklet geht auf die Würzburger Fürstbischöfe zurück.*

In Bad Kissingen kann man nicht nur Wasser trinken, sondern auch „treten“. Hier das Kneipp-Bad im Luitpoldpark.

Der klassizistische Brunnentempel im Bad Bockleter Kurpark wurde Ende des 18. Jahrhunderts errichtet.

Mit der FrankenTherme besitzt Bad Königshofen eine weit über die Region hinaus bekannte Badelandschaft.

Die Festspiele auf Burg Botenlauben erfreuen sich bei Jung und Alt großer Beliebtheit. Geboten wird ein buntes Spektakel aus Unterhaltung, Spiel und Abenteuer, bei dem natürlich auch das Kulinarische nicht zu kurz kommt. Bliebe noch hinzuzufügen, dass der einstige Burgherr selbst, der bekannte Minnesänger Otto von Botenlauben, zuletzt allen Freuden des weltlichen Lebens entsagt hatte …

Jedes Jahr im Juli gedenkt Bad Kissingen mit dem Rakoczy-Fest der Wiederentdeckung der gleichnamigen berühmten Quelle im Jahre 1737 und der vielen prominenten Gäste, die in der Folge hierher fanden und den Ort in aller Welt bekannt machten.

Unten:
Bad Kissingen kann sich des ältesten Golfplatzes Bayerns rühmen. Die etwa 45 Hektar große parkähnliche Anlage wurde im Sommer 1911 ihrer Bestimmung übergeben.

Ganz unten:
Der Bad Kissinger Luitpoldpark erstreckt sich beiderseits der Fränkischen Saale. Die mächtigen alten Bäume hüten vermutlich so manches süße Geheimnis.

Rechts:
Den Gästen, die sich in Bad Kissingen für eine „Flussreise" zur Saline entscheiden, eröffnen sich interessante Perspektiven, sprich: Sie fühlen sich manchmal wie in einem – grünen – Tunnel.

KISSINGEN
KISSINGEN

Apfelernte in Ramsthal. Die in einem von steilen und hohen Berghängen gesäumten Tal liegende Ortschaft im Landkreis Bad Kissingen zählt heute rund 1150 Einwohner.

Weinlese in Ramsthal (oben) und Feuerthal (links). Die hiesigen Winzer machten ein „Weinwunder in der Rhön“ möglich. Gaben sie doch – allen Unkenrufen zum Trotz – nicht auf, sondern entschlossen sich stattdessen, die bis dato kontinuierlich geschrumpften Rebgärten wieder zu vergrößern. Der Erfolg – mit vielen Prämierungen – gibt ihnen recht.

Die eintürmige katholische Pfarrkirche St. Ägidius in Windheim, Gemeinde Wartmannsroth, wurde zwischen 1765 und 1767 von Johann Christoph Kleinholz erbaut. Das Gotteshaus kann sich einer schönen barocken Ausstattung rühmen.

Links:
Blick auf die von Wäldern und Wiesen gerahmte Ortschaft Zeitlofs. Die evangelische Stadtkirche, ein einfacher Saalbau mit einem von einer welschen Haube gekrönten romanischen Turm, datiert aus der ersten Hälfte des 18. Jahrhunderts.

Unten:
In Schloss Maßbach wird besonders der Muse Thalia hofiert. Das Anwesen ist seit nunmehr einem halben Jahrhundert Spielstätte des privaten Fränkischen Theaters.

Die von der Fränkischen Saale geprägte Landschaft bei Bad Kissingen lädt nicht nur zum Wandern, sondern auch zum Radfahren ein. Nicht minder reizvoll ist die Erkundung des Flusses mit dem Kanu.

Rechte Seite:
Das Kaskadental gehört zu den beliebtesten Ausflugszielen in der Umgebung von Bad Kissingen. Im Frühling wirkt der grüne Teppich mit dem mäandernden Bächlein besonders romantisch.

Oben:
Blick von den Rebgärten auf Ramsthal. Apropos Rebgärten: Hier finden sich auch noch alte Parzellen mit Reben der verschiedensten Sorten. Den daraus gekelterten Wein sollte man sich nicht entgehen lassen.

Rechts:
Das im Bauernkrieg zerstörte Kloster Thulba besaß Güter und Rechte in einem halben hundert Ortschaften. Das jetzt als Schule und Pfarrhaus genutzte barocke Propsteigebäude wurde um 1700 nach Plänen des Franziskanerbaumeisters Antonius Peyer errichtet.

Links:
Die Trimburg geht auf das 12. Jahrhundert zurück. Von den Herren von Trimberg kam sie an das Fürstbistum Würzburg und nach der Säkularisation an Bayern. Zur Ruine wurde die Trimburg nicht durch kriegerische Einwirkung, sondern nachdem sie der bayerische Staat 1806 auf Abbruch verkauft hatte.

Unten:
Die historische Neumühle zwischen Diebach und Morlesau beherbergt heute ein empfehlenswertes Romantikhotel mit feinem Ambiente und vielgelobter Küche.

Nach Unterzeichnung des Vertrages mit dem Fürstabt im Jahre 1704 brauchte Johann Dientzenhofer nur acht Jahre, um in Fulda einen gewaltigen neuen Dom zu errichten. Die Gestaltung des Innenraums indes zog sich bis 1720 hin.

Gleich drei Landkreise haben daran Anteil – nämlich Fulda, Hersfeld-Rotenburg und der Main-Kinzig-Kreis. Die meisten Besucher zählt die alte Bischofsstadt mit ihren zahlreichen historischen Sehenswürdigkeiten – nicht nur im Zentrum, sondern, wie Schloss Fasanerie oder der Petersberg, auch an der Peripherie.

An erster Stelle unter den landschaftlichen Höhepunkten steht die Wasserkuppe. Ein kleiner Abstecher von der Straße zur Fuldaquelle hat ebenso seine Reize wie die Begehung des Roten Moors. Das über 800 Meter hoch gelegene Naturreservat umfasst eine Fläche von etwa 50 Hektar. Der rund drei Kilometer lange Lehrpfad führt zu einem guten Teil über hölzerne Stege.

Anstrengender ist der Aufstieg zur 835 Meter hohen Milseburg. Der vom Aussehen einem Sarg ähnelnde Berg galt früher als ausgesprochen gefährlich. Gehörte er doch – wie die nahegelegene Teufelswand – dem Bösen beziehungsweise einer seiner Kreaturen, einem Riesen namens Mils. So musste sich der nachmalige heilige Gangolf der Sache annehmen und diesen in die Schranken verweisen. Dabei brauchte er sich nicht einmal die Hände schmutzig zu machen. Der demoralisierte Riese tötete sich freundlicherweise selber. Und der Teufel bedeckte seinen Leichnam mit Steinen. Dass der Weg auf den Gipfel – und vor allem der zurück – auch heute noch gewisse Gefahren birgt, liegt weniger daran, dass er durch besagtes steinernes Meer führt, sondern vielmehr an dem Wirtshaus.

Man schrieb den 26. Dezember 1805. In seinem Quartier nahe Eichenzell quälte sich ein französischer Edelmann in der Uniform eines preußischen Leutnants mit einem Brief und klagte: „Es ist heute kein kluges Wort aus mir zu ziehen ..." Nach seinem Ausscheiden aus dem Militärdienst tat sich Adelbert von Chamisso mit dem Schreiben leichter. Machte sich als romantischer Dichter einen Namen, der mit „Peter Schlehmils wundersame(r) Geschichte" ein bis heute gern gelesenes literarisches Kleinod hinterließ.

Rechts:
Auch am Fuldaer Stadtschloss, der Residenz der Fürstäbte und Fürstbischöfe, war Johann Dientzenhofer maßgeblich beteiligt. Er lieferte die Pläne, nach denen das aus der Renaissance stammende Gebäude im Stil des mainfränkischen Barock umgebaut und erweitert wurde. Im Vordergrund, auf der Balustradenterrasse, die berühmte „Floravase“.

Oben und links:
Der vor zwei Jahrzehnten wieder in seinen ursprünglichen Zustand zurückversetzte Fuldaer Schlossgarten verbindet barocke Elemente mit einem Englischen Landschaftsgarten. Für die zwischen 1721 und 1724 erbaute Orangerie lieferte der damalige kurmainzische Stararchitekt Maximilian von Welsch die Pläne.

Oben:
Das Kanzler-Palais in der Fuldaer Fußgängerzone wurde nach seinem Bauherren, dem Kanzler Wagner, benannt. Zwischen 1782 und 1900 diente das repräsentative Gebäude als Rathaus.

Rechts:
Blick in die Propsteikirche St. Peter in der an Fulda angrenzenden Gemeinde Petersberg. Das zu den ältesten romanischen Sakralbauten unseres Landes zählende Gotteshaus beherbergt das Grab der heiligen Lioba.

Oben:
Das Alte Rathaus zu Fulda besteht aus zwei Bauteilen. Der steinerne entstand im Kern um 1500; der jüngere, fachwerkene, wurde drei Jahrzehnte später errichtet und ab 1968 weitgehend rekonstruiert.

Links:
Die von Andreas Gallasini Mitte des 18. Jahrhunderts gegenüber dem Fuldaer Stadtschloss errichtete barocke Hauptwache dient längst nicht mehr militärischen oder polizeilichen, sondern gastronomischen Zwecken.

Rechte Seite:
In der Altstadt von Bad Hersfeld gibt es mehr als 200 denkmalgeschützte Gebäude zu bewundern. Das Kehr'sche Domänengut am Markt, 1676 auf einer Vorgängerbebauung errichtet, diente unter anderem als Postamt, Försterei und Polizeiwache.

Rechts:
Das wunderschöne Fachwerkhaus findet sich in der nach Hohenroda eingemeindeten Ortschaft Ransbach. Es beherbergt heute eine museale Heimatstube.

Rechts:
Die Stiftsruine in Bad Hersfeld zählt zu den größten romanischen Basiliken diesseits der Alpen. Hier der Katharinenturm, der die älteste datierte Glocke Deutschlands birgt. Sie wurde 1038 gegossen.

Ganz rechts:
Der Mann auf dem Sockel des Denkmals ist Johann B. G. F. Lingg von Linggenfeld (1765–1842). Der Sohn eines Meersburger Hoteliers, der es bis zum Generalleutnant brachte und geadelt wurde, rettete die Stadt 1807 vor der Brandschatzung durch napoleonische Truppen.

Ufthäuser Straße

Oben:
Schloss Buchenau in der Gemeinde Eiterfeld datiert aus dem Beginn des 17. Jahrhunderts. Bauherren des der Renaissance verpflichteten Anwesens waren Georg Melchior von Buchenau und seine Gattin. Heute dient das Schloss als Tagungs- und Gruppenhaus.

Rechts:
Das herrliche romanische Portal findet sich an der als Ruine verbliebenen Stiftskirche in Bad Hersfeld, die im Jahre 1144 in Anwesenheit von König Konrad III. geweiht wurde.

Links:
Das Wasserschloss im Hünfelder Stadtteil Mackenzell, in dem einst die Fuldaer Fürstäbte und -bischöfe ihre Sommer verbrachten, beherbergt heute eine Kurklinik. Die Anfänge der Anlage gehen auf das 12. Jahrhundert zurück.

Unten:
Die Gemeinde Burghaun in der hessischen Kuppenrhön kann sich eines echten Blickfangs rühmen. Das Torhaus (mit Fachwerkaufbau) wurde um 1400 errichtet, die beiden Kirchen zu Beginn des 18. Jahrhunderts.

Oben:
„Die Gestalt dieses Berges ist einzig, grotesk, gar nicht wie die seiner Nachbarn, deren nicht wenige kegelförmig sind, sondern er hat gleichsam die Form des untern Theils einer umliegenden dreiseitigen Pyramide, mit stumpf zulaufender Grundfläche", beschrieb Joseph Schneider in seinem 1816 erschienenen Buch über die Hohe Rhön die Milseburg.

Rechts:
Die unterhalb des Gipfels gelegene Milseburghütte des Rhönclubs wurde 1884 ihrer Bestimmung übergeben. Schon ein Jahr später erhielten die Wirtsleute auch die Schankkonzession.

Oben:
Blick auf den Gipfel der Milseburg mit der dem heiligen Gangolf gewidmeten Kapelle und der Kreuzigungsgruppe. Letztere wurde Mitte des 18. Jahrhunderts aufgestellt.

Links:
Die Milseburg ragt 835 Meter in den Himmel – so hoch wie kein anderer Berg in der Kuppenrhön. Dementsprechend fantastisch ist die Aussicht. Bei dem Dorf, das sich wie in einer Spielzeugschachtel präsentiert, handelt es sich um Kleinsassen.

Rechts:
Die 760 Meter hoch gelegene Enzianhütte am Weiherberg, Ausflugslokal der Sektion Fulda des Alpenvereins, ist nicht nur auf Wanderpfaden zu erreichen, sondern auch an das Straßennetz angeschlossen.

Unten:
Wenn man der Sage Glauben schenken darf, war es der Leibhaftige höchstpersönlich, der die vielen – zum Teil riesigen – Steine zur Milseburg geschleppt hat.

Oben:
Der 524 Meter hohe Stoppelsberg wird von einer malerischen Ruine gekrönt. Die Burg Hauneck wurde um 1400 erstmals urkundlich erwähnt. Mehrmals zerstört, wurde sie zunächst immer wieder aufgebaut, Ende des 16. Jahrhunderts jedoch aufgegeben.

Links:
Die Langen Steine am Stoppelsberg, riesige Quader aus weißem Sandstein, sind etwa 20 Millionen Jahre alt. Das sagenumwobene Naturdenkmal befindet sich etwa 850 Meter südwestlich des Gipfels.

Das Städtchen Tann beherbergt das Freilichtmuseum „Rhöner Museumsdorf“, bestehend aus drei bäuerlichen Anwesen. Diese sind jedoch nicht nur zum Anschauen. Hier werden auch Feste gefeiert und Märkte abgehalten sowie kulturelle Veranstaltungen durchgeführt.

Bilder links:
In den Veröffentlichungen über die Rhön ist fast immer von der tiefen Frömmigkeit der Menschen die Rede. So finden sich in den Dörfern und Fluren – hier in und bei Hilders – zahlreiche Bildstöcke und Mariendarstellungen als äußeres Zeichen des Glaubens.

Ganz links:
Das Elf-Apostel-Haus ist das älteste Gebäude in Tann. Es wurde um 1500 im Stil der Renaissance errichtet. Wie der Name verrät, zeigt der hölzerne Fries im ersten Fachwerkgeschoss die elf Jünger Jesu.

Links:
Das Stadttor von Tann (1557). 1999 wurde das Städtchen von den Zuschauern und Hörern des Hessischen Rundfunks zum beliebtesten Ferienort des Bundeslandes gekürt. 2007, als das ZDF die beliebtesten Orte Deutschlands suchte, kam es auf den 14. Platz.

Der Rhöner Viehabtrieb in Simmershausen fand erstmals 1989 statt. Es dauerte nicht lange, bis das Spektakel über die Grenzen des Ortes und der Region hinaus bekannt wurde. Alljährlich am vierten Sonntag im September strömen Tausende von Menschen von nah und fern nach Simmershausen.

Zum Aufzug der Tiere und Menschen beim Rhöner Viehabtrieb in Simmershausen gibt es zünftige Musik und Rhöner Spezialitäten – unter anderem Brot und Kuchen aus den örtlichen Backhäusern.

Oben:
Die Basaltblockmeere am östlich der Wasserkuppe gelegenen Schafstein zählen zu den größten der Rhön. Nicht minder beeindruckend ist der urwaldähnliche Laubbaumbestand, dessen sich der 832 Meter hohe Berg rühmen kann.

Rechts:
Die Auersburg am Südwesthang des gleichnamigen Berges wurde 1214 erstmals urkundlich erwähnt. Ihre Anfänge dürften jedoch noch weiter zurückreichen. Mitte des 14. Jahrhunderts erfolgte der Umbau zum Amtsschloss. Im Bauernkrieg schwer heimgesucht, verfiel die Burg und diente ab dem Ende des 17. Jahrhunderts als Steinbruch.

Oben:
Gipfelkreuz auf dem Pferdskopf, einem 825 Meter hohen Ausläufer der Wasserkuppe. Wer der Herkunft des Namens auf den Grund gehen möchte, wird auch mit viel Fantasie keine Ähnlichkeit mit dem Kopf eines Gauls entdecken. Bizarr sind die Felsgebilde jedoch allemal.

Links:
Die Steinwand bei Poppenhausen gilt als markantester und bekanntester Fels der Rhön. Der 100 Meter senkrecht abfallende Phonolit ist ein beliebtes Kletterrevier. Die Passagen reichen vom Schwierigkeitsgrad eins bis acht.

Auf der Wasserkuppe. „Nicht selten schon Ende September, gewiss aber im October fällt Schnee, welcher Berg und Thal in das traurige Todtengewand hüllt und alles Leben und Treiben begräbt", schrieb Balthasar Spiess in seinem Buch „Die Rhön" (1867). Seither ist einiges anders geworden. Schnee gibt es zwar noch immer genug, aber die Winter verbreiten nicht mehr Angst und Schrecken, sondern dienen im Gegenteil sogar dem Plaisir.

Die Wasserkuppe gehört zu den beliebtesten Wanderzielen. Mit 950 Metern verfehlt sie zwar die 1000-Meter-Grenze, kann aber dennoch auf alle anderen Berge der Rhön herunterschauen. Dementsprechend fantastisch ist, sofern das Wetter mitspielt, die Aussicht. An den Hängen entspringen gleich 30 Quellen, darunter die der Fulda (Bild links unten), die sich nach 220 Kilometern in Hannoversch Münden mit der Werra zur Weser vereinigt.

Die Wasserkuppe oder der Traum vom Fliegen

Es waren Besessene, die – von einer Vision getrieben und alles andere geringschätzend – ausgerechnet auf der baumlosen, sturmumtosten und schneereichen Wasserkuppe, dem mit 950 Metern höchsten Berg der Rhön, in einem Kleiderschrank gewohnt haben. Besagte „Behausung" stand in einem Zelt, dessen Bestimmung darin bestand, als Werkstatt zu dienen. Und zwar für Segelflugzeuge.
Für deren Bau waren Alexander Lippisch und Gottlob Espenlaub, so die Namen der beiden Männer, keine Anstrengung zu viel, keine Entbehrung zu groß. Immerhin wurde das Zelt schon bald durch eine Baracke ersetzt, in der 1920 fünf „Rhönindianer" – so die scherzhafte Benennung dieser Mutigen – überwinterten. Lippisch blieb der Fliegerei sein Leben lang verbunden. Er konstruierte unter anderem die Messerschmitt Me 163 und später für die Amerikaner verschiedene Militärmaschinen. Nicht zu vergessen jener legendäre Segler namens „Ente", der – mit zwei Raketen bestückt – Fritz Stammler in die Lüfte trug. So geschehen 1928 auf der Wasserkuppe. 1970, dem offiziellen 50-jährigen Jubiläum des Segelflugbetriebes, schloss Neil Armstrong mit seinem Besuch den Kreis zwischen dem ersten bemannten Raketenflug der Menschheit und der Reise zum Mond.
Im Deutschen Segelflugmuseum, dem weltweit größten seiner Art, gibt es nicht nur die „Ente", sondern auch zahlreiche andere berühmte Maschinen zu sehen, die mit Weltrekorden und zahlreichen anderen Bestleistungen die Geschichte des motorlosen Flugsports geprägt haben. Eine weitere interessante Abteilung ist der Entwicklung des Modellfluges gewidmet.
Doch die Wasserkuppe zehrt nicht nur von ihrer großen Flugsport-Vergangenheit, sondern hat auch heutzutage eine Menge zu bieten. Allerdings müssen sich die Segelflieger den Berg sowohl mit kleinen Motorflugzeugen als auch mit Drachen- und Gleitschirmfliegern teilen. Und da die Modellbauer ebenfalls mit von der Partie sind, ist der rhönische Himmel bei schönem Wetter ganz schön dicht.

Ski und Rodel gut

„Nix nox nebulae sunt optima munera rhoenae", klagten einst die Mönche. Zu deutsch:

Bestenfalls schenkt uns die Rhön
Nebel, Nacht, verschneite Höh'n.

Die Rhön ist eine ausgesprochene Kälteinsel. In den Hochlagen kommen die Temperaturen im Jahresdurchschnitt über 5° C nicht hinaus. In den anderen deutschen Mittelgebirgen ist es deutlich wärmer. Dazu trägt auch der Wind seinen Teil bei. Weht er doch sage und schreibe an 348 Tagen des Jahres – zumindest auf Bergen wie der Wasserkuppe. Das heißt, man muss sich gut einpacken. An heißen Sommertagen hingegen erweist sich die frische Brise als Labsal. Auch den vielen Nebel darf man nicht pauschal schlechtreden. Sind ihm doch jene fantastischen Verzauberungen zu verdanken, an denen diese Landschaft besonders reich ist. Kurzum: Das Wetter ist keineswegs schlecht, sondern nur typisch rhönisch. Und darauf kann man sich einstellen.
Die Bewohner selbst haben ganz bestimmte Wetterindikatoren. So den Auersberg bei Bad Brückenau, über den Ludwig Bechstein schrieb: „Wenn sein Gipfel dampft, ja wenn nur das geringste Nebelwölkchen in Gestalt einer kleinen Rauchsäule aufsteigt, so sagen sie: ‚Aha! Die Gräfin Karoline kocht wieder Kaffee!' – das heißt soviel wie: Wir bekommen Regen. Wer aber diese Gräfin Karoline gewesen ist, darüber läßt sich mit Bestimmtheit nichts ermitteln."
Obwohl von der allgemeinen Klimaentwicklung nicht unbeeinflusst, haben es die Rhönwinter noch immer in sich. Einerseits ist es heute höchst unwahrscheinlich, dass – wie die Sage berichtet – ein Wanderer, der vor dem Schneesturm in einer Hecke Schutz gesucht hat, erst im darauffolgenden Sommer und zwar auf dem höchsten Geäst einer riesigen Buche aufgefunden wird. Andererseits heißt es in der Rhön auch dann noch „Ski und Rodel gut", wenn andernorts die Lifte stillstehen und keine Loipe gespurt werden kann, weil zu wenig Schnee liegt. So ist die Wasserkuppe mit vier Liften und Halfpipe auch ein vielbesuchtes Wintersportgebiet.
Übrigens: Andreas Weber aus Fladungen-Leubach ist einer der Letzten, die noch auf alte handwerkliche Art Schlitten bauen. Dabei lässt er sich gern – auch im Sommer – über die Schulter schauen.

Links: *Das Deutsche Segelflugmuseum auf der Wasserkuppe wurde 1987 eröffnet und 2007 erweitert. Zu sehen sind rund 30 historische Maschinen.*

Oben: *Neben den Segelfliegern finden hier auch die Gleitschirmflieger ideale Bedingungen für ihren Sport.*

Kleine Bilder rechts, von oben nach unten: *Das 1923 errichtete Fliegerdenkmal, eine Adlerfigur des bekannten Tierbildhauers August Gaul, ist den im I. Weltkrieg gefallenen Piloten gewidmet.*

Die Radarkuppel als Hinterlassenschaft der Militärs wird inzwischen als Aussichtsturm und Veranstaltungsort (Radom) genutzt.

Der Flugplatz auf der Wasserkuppe gehört nicht nur Segel- und Modellflugzeugen, sondern auch kleinen Propellermaschinen.

Auf der zweimal 700 Meter langen Doppel-Sommerrodelbahn werden Geschwindigkeiten bis zu 40 Kilometern in der Stunde erreicht.

Unten:
Auch die 904 Meter hohe Abtsrodaer Kuppe kann ihre vulkanische Vergangenheit nicht verleugnen. Es handelt sich um einen sogenannten Flankenvulkan der Wasserkuppe.

Ganz unten:
Die Kühe auf der Wasserkuppe haben es gut. Finden sie doch auf der Sommerweide genügend wohlschmeckende Blumen und Kräuter, die sie wiederkäuen können.

Rechts:
Früh übt sich, was ein Meister werden will. Hier auf der Abtsrodaer Kuppe. Gut möglich, dass der Junge sein Modellflugzeug später einmal gegen einen richtigen Flieger eintauscht.

Links:
Gersfeld, Luftkurort und Kneipp-Heilbad, gilt als „heimliche Hauptstadt der Rhön“. Der Ort kann sich nicht nur einer bemerkenswerten fachwerkenen Altstadt, sondern auch einer weitläufigen historischen Parkanlage mit gleich drei Schlössern – hier das Mittlere Schloss – rühmen.

Unten:
Die im nördlichen Teil des Gersfelder Schlossparks gelegene Parkvilla datiert aus dem Jahr 1908. Das Gebäude im schönsten Jugendstil beherbergt heute eine naturheilkundliche Klinik.

Die Kaskadenschlucht bei Gersfeld verdankt ihre Entstehung einem Bach, der sich tief in den Sandstein hinein ein stufiges Bett gegraben hat. Eine Wanderung durch die von zerklüfteten Wänden gerahmte und von Buchenbäumen überdachte Talenge ist ein ganz besonderes Erlebnis.

Oben:
Im Gegensatz zum Schwarzen hat das Rote Moor – durch Torfabbau – stark gelitten. 1979 wurde mit der Renaturisierung – sprich: Wiedervernässung – des heutigen Naturschutzgebietes begonnen. Trotz des einstigen Raubbaus finden sich hier viele seltene und gefährdete Pflanzen. Die Karpatenbirkenwälder zum Beispiel sind einmalig in Mitteleuropa.

Links:
Die Quelle der Ulster an der Nordwestflanke des Heidelsteins. Der – naturräumlich gesehen – wichtigste Fluss der inneren Rhön mündet nach 57 Kilometern Lauf bei Philippsthal in die Werra.

Bettenhausen im Tal der Herpf. In der rund 800 Einwohner zählenden Gemeinde im Schatten der Geba und des Hutsbergs finden sich etliche Häuser im hennebergisch-fränkischen Fachwerkstil.

Wacholder dunkelt die Landschaft, Silberdisteln hellen sie auf. Hinter nicht einmal sieben Bergen gibt es prächtige barocke Gotteshäuser (Dermbach, Bremen, Schleid, Zella) und malerische Kirchenburgen (Kaltensundheim und Walldorf) zu bestaunen, locken sagenumwobene Waldseen (Benshausen und Dönges) und – auf dem Neuberg bei Gladbach – ein rund 58 Hektar großer geheimnisvoller Wald mit bis zu 500 Jahre alten Eiben.

Apropos Neuberg. Die 540 Meter hohe Muschelkalkklippe ist eng mit Leben und Sterben des Rhönpaulus verbunden. Eine Höhle diente dem legendären rhönischen Robin Hood als zeitweiliger Unterschlupf. Johann Heinrich Valentin Paul, so dessen bürgerlicher Name, gelang es immer wieder, seinen Häschern zu entkommen. Die armen Landleute, mit denen er öfters seine Beute zu teilen pflegte, schrieben ihm Zauberkräfte zu. Diese versagten allerdings, als er um 1780, gefangen in einem eichenen Käfig – also unfreiwillig, auf den Neuberg zurückkehrte, um dort am Galgen sein Leben zu beenden.

Im seit 1741 zum Weimarer Herzogtum gehörenden „Eisenacher Oberland", so die damalige Bezeichnung für die Thüringische Rhön, hinterließ auch Goethe seine Spuren. Fühlte sich, wie er der Frau von Stein schrieb, sowohl als „Reisemarschall" als auch als „Reisegeheimrat". Sammelte, als Privatmann, eine Menge Steine und erarbeitete in seiner Funktion als Mitglied des Geheimen Konsiliums einen Plan, wie der verarmten Gemeinde Malbers zu helfen sei. So geschehen im Jahre 1779.

In der Thüringischen Rhön, in Merkers, befindet sich auch das größte Kalibergwerk Europas. Heute gehört die „Stadt unter der Erde", deren Wegenetz rund 4500 Kilometer (!) umfasst, den Touristen. Neben einer erst 1980 entdeckten Höhle mit Salzkristallen von bis zu einem Meter Kantenlänge kann man unter anderem jenen riesigen Bunker besichtigen, in dem die Nazis Gold, Geld und Kunst, so die Büste der Nofretete, versteckten.

Die beiden je 80 Meter langen Seitengebäude des Gradierwerkes in Bad Salzungen sind durch einen Mittelbau im schönsten Fachwerkstil miteinander verbunden. Eine Trinkhalle und ein Musikpavillon vervollständigen die Anlage.

Links:
Blick auf Schwallungen. Der aus einer fränkischen Siedlung hervorgegangene Ort wurde Ende des 8. Jahrhunderts erstmals urkundlich erwähnt. Er gehörte damals zum Grabfeldgau. Heute leben hier rund 2500 Menschen.

Unten:
Welch schöner poetischer Name für eine Burg: Maienluft. Die über Wasungen gelegene Anlage ist im Kern rund 800 Jahre alt. Seit dem Ende des 19. Jahrhunderts eine Gastwirtschaft beherbergend, wurde Burg Maienluft nach der Wende zum Hotel umgebaut.

Rechts:
Das Rathaus in Geisa steht an der Stelle eines vermutlich aus der Mitte des 17. Jahrhunderts stammenden Vorgängerbaus, der bei einem Stadtbrand im Jahre 1858 den Flammen zum Opfer gefallen war.

Ganz rechts:
Im fachwerkenen Turmaufsatz der katholischen Stadtkirche St. Philippus und Jakobus in Geisa befand sich früher die Wohnung des Türmers. Das spätgotische Gotteshaus (um 1500) wurde in der zweiten Hälfte des 19. Jahrhunderts erneuert.

Unten:
Geisa war die am westlichsten gelegene Stadt des Ostblocks. Rund 1000 Jahre in fuldischem Besitz, gehören der Ort und seine Umgebung mit dem Eichsfeld zu jenen beiden thüringischen Regionen, in denen die Katholiken dominieren.

Oben:
Die nicht einmal 200 Seelen zählende Ortschaft Seeba – 830 erstmals als „zi demo sune“ (= zu dem See) urkundlich erwähnt – wird von der Kleinen und Großen Geba gerahmt.

Links und ganz links:
Das Städtchen Dermbach liegt malerisch im mittleren Feldatal. Die evangelische Stadtpfarrkirche wurde zu Beginn des 18. Jahrhunderts unter Einbeziehung älterer Teile erbaut. Der von einem hölzernen Tonnengewölbe überdachte Innenraum birgt eine reiche Ausstattung, darunter ein wertvolles spätgotisches Abendmahlsrelief.

Der Gläser bei Dermbach. Vom Gipfel des 670 Meter hohen Berges, der seit den späten Siebzigerjahren des 19. Jahrhunderts eine Hütte trägt, kann man bei entsprechendem Wetter bis zur Wartburg und zum Kreuzberg schauen.

Unten:
Pappelallee bei Diedorf im oberen Feldatal. Die 788 in einer Schenkungsurkunde des Klosters Fulda erstmals erwähnte Ortschaft hat heute rund 350 Einwohner.

Ganz unten:
Bei Kaltennordheim. „Der Baum wächst durchs Gebirge, / Steine schüttelt er aus dem Haupt. / Vögel sind in ihm untergegangen und Sterne, / Gedichte und Gerüchte, Gesänge und Gehenkte“, heißt es bei Walter Werner (1922–1995), der die Thüringische Rhön vielfach beschrieben und bedichtet hat.

Seite 126/127:
Die Meininger Altstadt in abendlicher Illumination. Im Vordergrund die Georgstraße, im Hintergrund die Stadtkirche Unserer lieben Frauen, die zwischen 1884 und 1889 im neogotischen Stil umgebaut wurde.

BISTRO
LEDERWAREN
Viba

BOUNCER
LOHMANN

Meiningen – Tor zur Thüringischen Rhön

In Meiningen ist man sich sicher: „Am 24.6.1227 stiftete die Landgräfin Elisabeth von Thüringen, die hier von ihrem Gatten Ludwig dem Frommen Abschied nahm, eine Kapelle. Sie hat sich als ‚Elisabethenkapelle' vermutlich in der Nähe der heutigen Sakristei befunden …" (W. Schwalm).

Die Rede ist von der heutigen Stadtkirche, die wohl kurz nach der Jahrtausendwende als turmloser frühromanischer Bau errichtet worden ist und sich einer wechselvollen Geschichte rühmen kann. Mehr als einmal vom Blitz gesund durch Kriege betroffen, ist sie nie aufgegeben, sondern stets wiederaufgebaut worden. Die beiden viereckigen Türme dürften aus der zweiten Hälfte des 12. Jahrhunderts datieren; auch sie haben Aussehen und (teilweise) auch den Platz gewechselt.

Musen und Menschen zu Gefallen

Als das Herzogliche Sachsen-Meiningische Hoftheater am 1. Mai 1874 mit Shakespeares „Julius Cäsar" am Friedrich-Wilhelmstädtischen (heute Deutschen) Theater in Berlin gastierte, gerieten die kühlen Preußen, die ihren Augen und Ohren nicht trauen wollten, geradezu aus dem Häuschen.

Für die Truppe aus der Provinz war dies der Beginn einer beispiellosen Erfolgsgeschichte. Über insgesamt 16 Jahre hinweg und in mehr als zweieinhalbtausend Vorstellungen begeisterte sie das deutsche und europäische Publikum. Die Auftritte gerieten zu Festen. Im Unterschied zur damals üblichen Theaterpraxis entsprachen die Kostüme und die Kulissen jenem Ort und jener Zeit, in denen die Stücke spielten. Der Landesherr höchstpersönlich, Herzog Georg II. von Sachsen-Meiningen, führte die Aufsicht. Er war nicht nur Intendant, Regisseur und Dramaturg, sondern entwarf auch Kleidung und Bühnenbilder.

Seine zweite Gattin, die Schauspielerin Ellen Franz, stand ihm dabei tatkräftig zur Seite. Ihr größtes Problem war, dass die Kollegen den Text nur oberflächlich lernten und lieber improvisierten. Deshalb bestand sie bei den Proben auf jedes Wort, auf jedes Zeichen. Schliff die Zunge der Akteure für die Sprache der Autoren. Studierte Massenszenen ebenso gewissenhaft ein wie große Monologe. Disziplin ging ihr über alles. Die Mimen mussten lernen, dass sie – bevor sie sich selber einbringen konnten – zuerst Schiller oder Kleist zu interpretieren hatten. Der Erfolg des Ensembles gab ihnen und ihrer Truppe recht. Die „Meininger" wurden zum Markenzeichen für großes, revolutionäres Theater.

Das Schauspielhaus war jedoch nicht der einzige meiningische Stern am Himmel. Mit der Hofkapelle erleuchtete noch ein zweiter die europäische Kulturlandschaft. 1880 kam Hans von Bülow nach Meiningen, ihm folgten Richard Strauß, Fritz Steinbach und, 1911 bis 1914, Max Reger. Für den drei Jahrzehnte andauernden musikalischen Höhenflug gibt es nur eine Erklärung: Die Musiker standen ihren berühmten Dirigenten nicht nach.

Schlossgeschichten

Schloss Elisabethenburg, die Residenz der Meininger Herzöge, geht auf eine Wasserburg zurück. Nach der Zerstörung im Jahre 1432 ließ sie der Würzburger Fürstbischof Lorenz von Bibra wieder aufbauen. Die heutige Anlage wurde von Samuel Rust errichtet. Das Interieur spiegelt die Zeit des Rokoko und des Klassizismus. Von den reichhaltigen Sammlungen ist die des Theatermuseums am originellsten.

Einige der mit Meiningen verbundenen Dichter und Komponisten harren bis heute im Park aus. Mit unbeweglicher – steinerner oder bronzener – Miene schauen Jean Paul und Ludwig Bechstein, Johannes Brahms und Max Reger in die Weltgeschichte.

Auf dem Weg in die Rhön lohnt sich ein Zwischenaufenthalt in Altenstein, der ehemaligen Sommerresidenz der Meininger Herzöge. Die dortigen Volksfeste – mit Pferderennen, Musik und Spiel, Illumination und Feuerwerk, Bratwurst und Bier – vereinten Landesherren und Untertanen. Der Park zählt zu den schönsten Thüringens, und auch das unter Georg II. im Stil der englischen Renaissance gestaltete Schloss kann sich – nach einem Brand in den Achtzigerjahren des vergangenen Jahrhunderts – wieder sehen lassen.

Links:
Ludwig Bechstein (1801–1860), dessen Nachruhm vor allem auf seiner Märchensammlung beruht, bekam sogar einen Brunnen. Immerhin lebte er über drei Jahrzehnte in Meiningen.

Oben:
Schloss Elisabethenburg beherbergt die Meininger Museen mit dem Max-Reger-Archiv, ein Café, ein Restaurant sowie Trauungsräume.

Kleine Bilder rechts, von oben nach unten: *Für das neoklassizistische Große Haus des Meininger Theaters lieferte Hofbaurat Karl Behlert die Pläne.*

Blick in die Eingangshalle des Theaters, das am 17. Dezember 1909 mit Schillers „Wallensteins Lager" eröffnet wurde.

Die beiden Seitenflügel von Schloss Elisabethenburg sind durch diesen halbkreisförmigen Rundbau miteinander verbunden.

Das Denkmal im Englischen Garten ist dem großen Dichter Jean Paul gewidmet, der von 1801 bis 1803 in Meiningen gelebt hat.

Oben:
Schloss Landsberg, das sich Herzog Bernhard II. im Jahre 1836 über dem Werratal als Sommerresidenz errichten ließ, kann seine englischen Vorbilder nicht verleugnen. Es wird heute als Hotel genutzt.

Rechts:
Blick in den Rittersaal von Schloss Landsberg. Die von Wilhelm Lindenschmit dem Älteren geschaffenen Gemälde illustrieren – wie die Fresken Moritz von Schwinds auf der Wartburg – bekannte Themen aus der thüringischen Geschichte.

Oben:
Römhild, einstmals Residenz eines winzigen Herzogtums, kann sich nicht nur eines Schlosses mit dem schönen Namen Glücksburg, sondern auch einer imposanten Stadtkirche mit Grabmälern aus der Werkstatt Peter Vischers des Älteren rühmen.

Links:
Die Kirchenburg in Walldorf gehörte zu den beeindruckendsten wehrhaften Gotteshäusern Mitteldeutschlands. Doch der Blick in das im Stil der Renaissance ausgestattete Schiff ist inzwischen Vergangenheit: Am 3. April 2012 brannte die Kirche vollständig aus.

Unten:
Der Skulpturenpark Deutsche Einheit, eine Freilandausstellung mit Kunstwerken, die die Überwindung der deutschen Teilung thematisieren, findet sich an der ehemaligen innerdeutschen Grenze nahe Henneberg. Im Hintergrund die „Goldene Brücke“, im Vordergrund eine stählerne Figur mit dem Titel „Auf der Flucht erschossen“.

Rechts oben:
Traurige Erinnerung an die Tragödie der deutsch-deutschen Teilung: DDR-Grenzanlagen mit Beobachtungsturm. Dokumentiert im Grenzmuseum Point Alpha.

Rechts Mitte:
Während des Kalten Krieges galt die „Fuldaer Lücke“ (Fulda Gap) als natürliches Einfallstor für eine mögliche Invasion des Warschauer Paktes. Von den vier Stützpunkten, die die US-Amerikaner

dort zum Ausspähen der Gegenseite errichteten, war Point Alpha, hier ein Raum im ehemaligen Beobachtungsturm, der erste.

Rechts unten: Das Mahnmal an der ehemaligen innerdeutschen Grenze bei Zimmerau/Rieth (Grabfeld) – ein Stück Metallzaun, ein Kfz-Sperrgraben sowie eine DDR-Grenzsäule und ein bayerischer Grenzpfosten – wurde am 3. Oktober 1990 seiner Bestimmung übergeben.

Register

EISENACH
Bebra
Werra
Hönebach
THÜRINGEN
Seulingswald
Fulda
Friedewald
Heringen
BAD HERSFELD
Ruine Stiftskirche
Sorga
Heimboldshausen
Ruhla
Friedrichroda
Schloss Eichhof
Ruine Landeck
Philippsthal
Dorndorf
Hauneck
Schenklengsfeld
Unterbreizbach
Vacha
Erlebnisbergwerk
Merkers
Bad Salzungen
Niederaula
Eitra
Unterweisenborn
Soisberg 630 m
Ochsen 627 m
Völkershausen
Leimbach
Holzheim
Haunetal
Eiterfeld
Mansbach
Stadtlengsfeld
Immelborn
Ruine Hauneck
Neukirchen
Buttlar
Gehaus
Weilar
Pleß 644 m
Breitungen
Großentaft
Oechsen
Urnshausen
Ruine Frankenberg
Steinbach
Bremen
Wernshausen
Schmalkalden
Langenschwarz
Stallberg 553 m
Rasdorf
Geisa
Dermbach
Haune
Soisberger Rhön
Auersberger Rhön
Vordere Rhön
Felda
Wiesenthal
Burghaun
Schleid
Roßdorf
Schlitz
Hünfeld
Haselstein
Geismar
Roßberg 701 m
Hümpfershausen
Wasungen
Michelsrombach
Rockenstuhl
Tann
Diedorf
Zella-Mehlis
Weißenbrunnskirche
Rhöner Museumsdorf
Dadenberg 726 m
Kaltenlengsfeld
Morles
Lahrbach
Kaltenwestheim
Kaltennordheim
Marbach
SUHL
Lüdermünd
Schwarzbach
Unterweid
Oberkatz
Walldorf
Großenlüder
Ruine Edelsturm
Hofbieber
Auersberg 757 m
Oberweid
Kaltensundheim
Stepfershausen
Schloss Landsberg
Ruine Auersburg
Gebaberg 751 m
Meiningen
Schloss Bieberstein
Eckweisbach
Hilders
Reichenhausen
Herpf
Schloss Elisabethenburg
FULDA
Ulster
Gerthausen
Frankenheim
Rhönblick
Bettenhausen
Milseburg 835 m
Melpers
Dipperz
Neuberg 639 m
Dietges
HESSEN
Fränkisches Freilandmuseum
Untermaßfeld
Künzell
Steinwand
Kuppenrhön
Fladungen
Sülzfeld
Wasserkuppe 950 m
Ruine Lichtenburg
Henneberg
Ritschenhausen
Poppenhausen
Wüstensachsen
Stetten
Weyhers
Nordheim v.d. Rhön
Ruine Henneberg
Dietrichsberg 536 m
Ruine Ebersberg
Wallanlage Gangolfsberg
Heidelstein 926 m
Ehrenmal
Ostheim v.d. Rhön
Streu
Rentwertshausen
Neuhof
Hettenhausen
Gersfeld
Sondheim v.d. Rhön
Großkopf 536 m
Mittelkalbach
Döllbach
Hochwildschutzpark
Oberelsbach
Kirchenburg
Flieden
Ruine Osterburg
Mellrichstadt
Uttrichshausen
Milseburger Rhön
Oberweißenbrunn
Bastheim
Motten
Bischofsheim a.d. Rhön
Oberstreu
Landrücken
Heubach
Kreuzberg 928 m
Wildflecken
Schönau a.d. Brend
Unsleben
Gundheim
Kloster Kreuzberg
Speicherz
Oberbach
Sandberg
Schlüchtern
Oberzell
Volkers
Brückenauer Rhön
Schwarze Berge
Kirche Volkersberg
Bad Brückenau
Langenleiten
Bad Neustadt a.d. Saale
Grabfeld
Staatsbad Brückenau
Premich
Burg Schwarzenfels
Platzer Kuppe 737 m
Saale
Bad Königshofen
Geroda
Stangenroth
Steinach
Zeitlofs
Oberleichtersbach
Burkardroth
Bad Bocklet
Aschach
Münnerstadt
Schloss Aschach
Detter
Südrhön
Spessart
Bad Kissingen
Ruine Bodenlaube
Heiligkreuz
Oberthulba
Sinn
Büchelberg 445 m
Thulba
BAYERN
Wartmannsroth
Untererthal
Elfershausen
Oerlenbach
Diebach
Gräfendorf
Hammelburg
Schloss Saaleck
Kloster Hammelburg
Gemünden am Main
Scherenburg
SCHWEINFURT
Ruine Homburg
Haßfurt
Gössenheim
Main
Lohr am Main
Karlstadt
10 km

Wehrhafte Schönheit: die „Rhöndistel“. Obwohl eigentlich nur auf den wenigen Kalkböden häufiger anzutreffen, ist sie so etwas wie die heimliche Wappenpflanze der Region. Allerdings geht mit der Aufgabe der Hutweiden ihr Bestand immer mehr zurück.

Impressum

Buchgestaltung
Matthias Kneusslin
www.hoyerdesign.de

Karte
Fischer Kartografie, Aichach

Printed in Germany
Repro: Artilitho snc, Lavis-Trento, Italien
www.artilitho.com
Druck und Verarbeitung: Offizin Andersen Nexö, Leipzig

ISBN 978-3-8003-4195-5

Unser gesamtes Programm finden Sie unter:
www.verlagshaus.com